Compendio de Bits de inteligencia para la Estimulación Visual, Auditiva y Memoria

de los niños de Educación Inicial

Compilación

Luis Mesias

Índice

Presentación.

La práctica se realizó en CEIN-PAIN .Estuvo dividida en tres fases: la fase de observación que corresponde al diagnóstico de la institución para conocer su historia, forma de trabajo del director, docentes y cómo reciben la educación los niños, para determinar sus necesidades mediante la utilización de instrumentos como el FODA. La fase de auxiliatura por medio de la información recolectada, se procede a analizar los resultados para determinar la priorización de problemas y necesidades en las tres líneas de acción que corresponde a las áreas administrativa, pedagógica y didáctica, donde se inicio con la redacción de tres anteproyectos que le den solución a dichas necesidades. En la fase de práctica formal se procede a la ejecución de un proyecto seleccionado en este caso el de la línea de acción pedagógica, se plantea la utilización de Bits de Inteligencia basados en el método de Glenn Doman en forma de compendio constituido por diez temas o categorías. En conjunto con una capacitación para que las docentes conozcan el método y sea llevado a la aplicación. Se presentan gráficas en el análisis de resultados que se obtuvieron con un pre-diagnóstico y un postdiagnóstico. A la vez la validación del proyecto elegido. El producto que se deja es un compendio de Bits de Inteligencia para la estimulación visual, auditiva y memoria de los niños que estudian en el establecimiento, con el fin de proponer una nueva metodología innovadora para ser utilizado en pro de la educación.

Proyecto dirigido al área pedagógica con la aplicación del método Bits de inteligencia de contenido enciclopédico, que corresponde a estímulos visuales y auditivos que a su vez estimulan la memoria, atención y el desarrollo de conexiones neurológicas. Las imágenes que se eligen para los bits son categorías que buscan brindar información sobres temas relacionados al entorno del niño y del exterior (información no tiene acceso por no estar en su entorno), pero las imágenes deben ser claras y concisas para no confundir a los niños con saturación de información que a la vez no se vuelvan aburridas. Este método se aplica en sesiones de tres veces por día, por una semana (5 días), la repetición constante hace que la memoria este activa para retener la información que llega a través de estímulos visuales y auditivos. Se trabajan estas dos vías de estimulación porque la información llega por medio de la vista (imagen) y el oído (nombre de la imagen). El proyecto se basa en fortalecer el nivel académico de los niños del centro CEIN-PAIN, para que tengan acceso a información nueva y favorecer el conocimiento previo y de esta manera lograr un aprendizaje significativo que beneficie el proceso de enseñanza-aprendizaje. Se dejara un compendio de bits para el nivel inicial y preprimaria con temas relacionados a su entorno y al exterior de su entorno, las docentes lo utilizaran como material extra, centrado en fortalecer el nivel académico los niños.

I. Introducción

El trabajo realizado durante la práctica profesional fue en CEIN-PAIN, La Antigua Guatemala, Departamento de Sacatepéquez; el cual consistió en apoyar en distintos ambientes del establecimiento para conocer la labor que realizan a favor de las personas que se benefician con este programa y así tomar en cuenta una necesidad relevante y darle solución por medio del planteamiento de un proyecto, el cual se llevó a la aplicación para beneficiar a la escuela.

Durante este proceso se utilizaron instrumentos para recolectar información relevante de la escuela como historia, sus objetivos, conocer la forma de trabajo del director, las docentes y como reciben los conocimientos los alumnos, luego de detectar las necesidades más relevantes de las tres líneas de acción que son: administrativa, pedagógica y didáctica, se procede a plantear anteproyectos acorde a las necesidades. De los cuales dos son anteproyectos para ser utilizados a futuro por la escuela y uno que se implementó.

En la línea de acción administrativa se planteó la "Gestión de Donaciones de Materiales Manipulativos para el Desarrollo de la Motricidad Fina y el Pensamiento Lógico-Matemático de los Niños de Educación Inicial y Preprimaria de CEIN-PAIN , con el propósito que el centro cuente con material propio, para ser utilizados en el desarrollo de las clases que reciben los niños.

En la línea de acción didáctica se planteó un "Instructivo Sobre Bits de Inteligencia Enciclopédicos, Estimulación Visual, Auditiva y Memoria de los Niños de Educación Inicial y Preprimaria de CEIN-PAIN,para que las docente amplíen sus conocimientos acerca del método de Glenn Doman, lo trabajen e implementen en el proceso de enseñanza-aprendizaje de los niños que tienen a su cargo y lograr que las docentes innoven en metodologías.

Como proyecto elegido y aplicado en este proceso, se consideró trabajar en la línea de acción pedagógica con un "Compendio de Bits de Inteligencia para la estimulación visual, auditiva y memoria de los niños de Educación Inicial y Preprimaria de CEIN-PAIN ,con el propósito de enriquecer el conocimiento de los alumnos y así brindar una nueva forma de aprender, se capacitó a las docentes sobre el método para ser utilizada como herramienta pedagógica que brinda información de importancia, su utilización es fácil y efectiva.

Contextualización

La educación en Guatemala ha sufrido por la falta de insumos, infraestructura y educación tradicional. Algo que ha llevado a tener una mala calidad en la educación, principalmente en la educación inicial y preprimaria que tiene menos importancia en el Ministerio de Educación, por centrarse en otros niveles que son parte de la educación nacional. Un sector desfavorecido en no poseer instalaciones propias, funcionar como centros anexos a escuelas, en otros casos trabajar en casas o salones que les prestan para impartir clases. En las políticas establecidas por el Consejo Nacional de Educación se establecieron 8 para su mejoramiento, las cuales son: cobertura, calidad, modelo de gestión, recursos humanos, educación bilingüe multicultural e investigación, aumento de la inversión educativa, equidad y fortalecimiento institucional y descentralización.

En una de ellas se plantea la política de Calidad, Consejo Nacional de Educación, (2010) "Mejoramiento de la calidad del proceso educativo para asegurar que todas las personas sean sujetos de una educación pertinente y relevante." En la actualidad la educación se enfrenta a la falta de innovación en metodologías para mejorar y fortalecer el proceso de enseñanza aprendizaje.

En la Constitución Política de la Repéblica de Guatemala, (1985) en el Articulo 71 se establece el Derecho a la educación, para que todos tengan acceso a la educación sin discriminación alguna, una oportunidad a que todos gocen de educación de calidad.

El Congreso de la República de Guatemala, (1991), estableció la Ley de Educación Nacional, donde el título IV Modalidades de la Educación, Capítulo I, Educación Inicial artículos 43 y 44, se da a conocer que esta modalidad de educación inicia desde la concepción hasta los 4 años de edad , para garantizar que el niño tengan una formación integral y plena, con programas que ayuden y promuevan formación a madres y de esta manera fortalezcer la protección de la familia.

En los programas que trabajan por la educación inicial y preprimaria se encuentran: el Proyecto de Atención Integral al Niño y la Niña de 0 a 6 años (PAIN), Ministerio de Educación, (s.f.), es un programa que vela la integración de los niños y las niñas de o a 6 años en comunidades rurales y urbano marginales.

También se encutra los Centros de Aprendizaje Comunitario de Educación Preeescolar (CENACEP), Ministerio de Educación, (s.f.,) se centra en atender a los niños y niñas de 6 a ños con una preprimaria acelerada, para preparar la entra a la primaria.

El programa "De La Mano Edúcame", el cual se enfoca en la educación de los niños menores a 6 años, preparando a las familias en atención y capacitación en salud, nutrición y el desarrollo físico, mental, emocional, afectivo, y formación afectiva y valores Ministerio de Educación (s.f.).

La Secretaría de Obras Sociales de la Esposa del Presidente (SOSEP), se encarga de birndar atención a niños de 0 a 6 años, funcionando como guarderia donde los niños reciben educación, alimentación y cuidados SOSEP, (s.f.).

El centro CEIN-PAIN Anexa a Escuela Oficial Rural Mixta Jornada Vespertina Aldea Santa Ana, no cuenta con ayuda de otras instituciones u organizaciones no gubernativas que le aporten un servicio en pro de la educación, más que solo las que el Ministerio de Educación ofrece como: gratuidad, refacción, valija didáctica. Trabajan de la mano con el centro salud en jornadas de vacunación y peso y talla de los niños.

Está ubicada al sur del municipio de la Antigua Guatemala, en la Aldea Santa Ana No. 30 al costado de la iglesia católica, atiende una población de 37 niños pertenecientes a la aldea y colonia Hermano Pedro que es parte de la Aldea Santa Ana. En el lugar donde se encuentra la escuela tienen un índice muy bajo de violencia y permite que sea un lugar tranquilo y seguro para circular. Los padres de familia que tiene relación con la escuela son participativos en las actividades que se programan, son constantes en conocer el rendimiento de los niños y se involucran en el proceso educativo.

III. Desarrollo de la Propuesta
Justificación

La priorización de actividades que son externas al ámbito académico, provoca que el rendimiento académico de los niños se debilite. Actividades como celebración de cumpleaños que duran todo el horario de trabajo o ensayos ha provocado que el proceso de enseñanza aprendizaje se quede estancado. Se plantea un proyecto basado en el método Bits de Inteligencia propuesto por el neurólogo Glenn Doman.

Este método se basa en estímulos pequeños visuales y auditivos que buscan enriquecer conocimientos nuevos y previos, al depender la edad a trabajar. Se dejará un compendio de Bits enciclopédicos para favorecer y fortalecer el proceso de enseñanza-aprendizaje que brinda información y conocimiento de su entorno y del exterior, para ser aplicado en el área pedagógica que beneficiara a los niños del nivel inicial y preprimaria de CEIN-PAIN Anexa a Escuela Oficial Rural Mixta Jornada Vespertina.

Los Bits de inteligencia son una herramienta pedagógica que buscan brindar información al niño lo más exacta posible a la realidad, es decir, que en todo momento que se trabajen o se apliquen, serán significativos en su formación académica. Se realizará la contextualización de Método Glenn Doman para la escuela CEIN-PAIN Anexa a Escuela Oficial Rural Mixta Jornada Vespertina Aldea Santa Ana, la Antigua Guatemala, departamento de Sacatepéquez.

Fundamentación Teórica

Antecedentes Nacionales

León, (2013), centró su estudio en mejorar el nivel académico de los niños de 4 a 6 años de educación preprimaria en Aldeas Infantiles SOS, ubicada en Fincas

Las Margaritas, Cantón Ocosito, departamento de Retalhuleu. Por medio de la investigación descriptiva se pudo plantear el manejo de un instructivo para utilizar cajas lúdicas orientado por las docentes del nivel preprimario. Las madres se vieron involucradas para utilizar el instructivo y asi utilizar de forma correcta el material. Se llegó a la conclusión que se perimitió modificar el esquema de trabajo de las maestras.

Cabrera, (2017) propuso la creación de materiales para niños con ceguera por medio de la inteligencia visual espacial, que es medio para conocer el entorno que rodea a la persona. Se trabajó por entrevistas eligiendo a dos personas que se han dedicado a la ilustración de libros, y el objeto de estudio fue el "El libro negro de los Colores", aplicó hojas de observación a niños en FUNDAL, ubicado en 1ª Calle 0-20 Zona 1 de Mixco Colonia Lomas de Portugal, Ciudad de Guatemala. Sus resultados se centran en la innovación para hacer material visual para los niños no videntes, concluyendo que es importente realizar este material para que los niños no videntes tengan acceso a conocimientos sobre su entorno, recomendando utilizar texturas e impresiones 3D para tener fichas de contenidos.

Antecedentes Internacionales

Valadez, Gómez Zermeño, & García Mejía, (2013) en Perú, en su artículo Diseño de un recurso educativo multimedia basado en la Métodología Doman para mejorar la enseñanza de la lectura en el nivel preescolar publicado en la Resvista DIM, plantea el estudio sobre el método de lectura propuesto por Glenn Doman trabajado desde la temprana edad, para adentrar al niño en el mundo de la lectura, evaluado por las docentes que imparten las clases para conocer cuales son sus beneficio y la factibilidad para utilizarlo. Proponiendo un prototipo de trabajo llamado

"Baby reader" para conocer su efectibidad en la aplicación, tanto para el que la recibe como el que la da.

Maya & García Hernández, (2014) en su artículo La apalicación de los bits de inteligencia como prevención de posibles dificultades de aprendizaje en el alumnado de educación infantil: un estudio de caso públicado en España por la la revista Journal for Educators, Teachers and Trainers, busca desarrollar un programa para prevenir problemática en el aprendizaje en los niños de preprimaria. Trabajando bits de inteligencia que permitan contrarestar problemas futuros en el aprendizaje y desarrollar más su atención, concentración y memoria.

Marco teórico

El anteproyecto que se propuso y se deja a la escuela para su ejecución, corresponde a la línea de acción administrativa. Como proyectos aplicados se tomo las líneas de acción pedagógica y didáctica ambos proyectos se vinculan en el mismo tema, uno es un compendio de bits de inteligencia y el otro es el instructivo para utilizar dicho compendio, titulados de la siguiente manera:

1. "Instructivo Sobre Bits de Inteligencia Enciclopédicos, Estimulación Visual, Auditiva y Memoria de los Niños de Educación Inicial y Preprimaria de CEIN-PAIN Anexa a Escuela

Oficial Rural Mixta Jornada Vespertina Aldea Santa Ana"

2. "Compendio de Bits de Inteligencia para la estimulación visual, auditiva y memoria de los niños de Educación Inicial y Preprimaria de CEIN-PAIN Anexa a Escuela Oficial Rural Mixta Jornada Vespertina Aldea Santa Ana"

1. Antecedentes Históricos Método Glenn Doman

El Método Glenn Doman tiene sus inicios en investigaciones de neurología y en lesiones cerebrales, de ahí partió para comprender como funcionaba el cerebro de personas con lesiones cerebrales y cómo iba en aumento su evolución. Según Estalayo & Vega, (2010) "Doman y su equipo sostienen que si bien las neuronas muertas no pueden recuperarse, las vivas pueden desarrollarse y establecer conexiones entre ellas de tal forma que asuman las funciones que debían desempeñar las muertas." Al tener una lesión cerebral no es impedimento para aprender, al contrario hay que estimular más al cerebro para que alcance un nivel deseado, para favorecer el desarrollo a través de estímulos que permitan esta evolución. Estas personas al ser estimuladas pueden llegar a superar a las personas a las que se consideran normales.

En conclusión estas personas (con lesiones cerebrales) pueden superar a las personas normales, Estalayo & Vega,(2010) "comenzaron a aplicar sus métodos a estos niños desde los primeros meses de vida obteniendo unos resultados espectaculares." El ser humano está presto para recibir información, y que mejor que sea desde antes, durante el embarazo y después de nacer, se debe favorecer el desarrollo y las conexiones de las neuronas, a esta estimulación se le conoce como Estimulación temprana.

De acuerdo con Estalayo & Vega,(2010) "El programa Doman consta a su vez de varios programas específicos: Programa de los Bits de Lectura, Programa de Bits de Inteligencia propiamente dichos, Programa de Bits de Matemáticas, Programa de Idiomas, Programa Musical, Programa Físico, Programa Social, etc." Para que se logre un desarrollo integral del ser humano se toman en cuenta todos aquellos elementos que permitan este desarrollo.

2. Inteligencia

Para González-Urbaneja, (2011) la inteligencia es la capacidad intelectual que posee el ser humnano, que relaciona a la mente con habilidades como: el pensamiento, entendimiento, comunicación, razonamiento, el aprendizaje, etc., que permitan resolver problemas para comprender el entorno que lo rodea.

3. Qué es un Bit

Un bit es una unidad que tiene o incluye información simple para que el cerebro la almacene, llega a través de estímulos por medio de los sentidos, en este caso visual y auditivo.

Según Guerrero & Ortiz, (s.f.) "Los bits de inteligencia son unidades de información que son presentadas a los niños de una forma breve". Son estímulos pequeños que se enseñan a los niños para captar su atención y de esta manera llega la información. Estos bits tiene una doble función, uno: el material, son estímulos visuales presentados en forma de fichas con una imagen clara, dos: al ser aplicados, el estímulo también es auditivo, al enseñar el bit se va pronunciando el nombre de la imagen.

3.1. Características de los bits

Los bits deben cumplir una serie de características que permitan su utilización. Para que la información llegue clara y exacta, son seis las características a tomar en cuenta según Estalayo & Vega, (2010):

3.1.1. Novedoso

Los bits deben dar a conocer a los niños lo que desconocen del mundo, de algo que no puedan ver a diario según Estalayo & Vega, (2010). Depende de la edad a trabajar, se pueden utilizar los bits, se aplican a niños pequeños que empiezan a comprender su entorno.

3.1.2. Discreto

Para Estalayo & Vega, (2010) la imagen que se coloque en el bit, debe ser concreta y solo una imagen que haga referencia de forma clara basado en lo que enseña, no debe estar saturada de información.

3.1.3. Intenso

La intensidad de las imágenes debe ser más alta de la percepción de los niños, hay que tomar en cuenta que la calidad de la imagen o dibujo debe ser buena. De acuerdo con Estalayo & Vega, (2010) el tamaño recomendado es de 28 x 28 cm. El número de los alumnos para pasar los bits, son de 15 alumnos. El fondo recomendado es liso, blanco o negro depende de la imagen, para que no cause distracción de la imagen central. Y por último la iluminación, que no cause brillo en el bit, los niños lo observen claramente sin obstrucciones.

3.1.4. Estable

Para Estalayo & Vega, (2010) los bits deben estar hechos de un material resistente y fuerte, para que al momento de mostrarlos no se doblen y dificulte su visibilidad.

3.1.5. Nombres Exactos y concretos

Los nombres deben ser exactos y completos, hacer referencia a la imagen que se muestra, no utilizar nombres incompletos, se coloca el nombre en la parte de atrás del bit según Estalayo & Vega, (2010).

3.2. Categorías lo más concretas posible

Es la unión de bits que están relacionadas entre sí (5 a más bits), comparten características en común. Según Estalayo & Vega, (2010) entre las categorías se puede mencionar: zoología, botánica, tecnología, geografía, matemática, arte, literatura, música, entre otras. A su vez favorecen en la formación de conexiones neurológicas y que los niños trabajen por medio de categorías que les permitirán ser ordenados.

4. Bits de inteligencia enciclopédicos

Estos bits hacen referencia a las categorías descritas con anterioridad, para Pacheco Engracia & Espinoza Muñiz, (2011) son llamativos e interesante porque hay variedad de categorias o temas que se pueden trabajar para enseñarselos a los niños, es importante por las imágenes que se presentan. Estimulan la memoria, atención y fijación de la información que reciben a traves de imágenes que representan la realidad.

4.1. Forma de trabajar con los Bits de inteligencia

Para Guerrero & Ortiz,(s.f.) los bits se muestra de una manera rápida, tres veces al dia por una semana (5 días), para hacer una repetición de 15 veces. Las sesiones son breves para mostrar los bits, los niños deben estar en silencio a la hora que se presenten, al finalizar la semana se cambian de bits, sin evaluar el aprendizaje.

4.2. Cómo se presenta al grupo

Según Estalayo & Vega, (2010), se presenta la categoria con entusiamo, luego se pasan los bits uno por uno, se dice el nombre claramente y mostrando la imagen a todos los niños a una distancia y altura adecuada, y esto forma una sesión.

4.3. Recomendaciones

Para que se tenga una buena presentación al grupo, Estalayo & Vega, (2010) recomiendan que: la persona que los presenta debe ensayar varias veces de forma previa, cuando sean presentados no tenga complicación en la pronunciación y se pueda realizar de forma breve y clara, una sesión de los bits tiene una repetición de 3 veces al día que corresponde a un total de 15 veces por semana(depende de la cantidad de bits y de la categoria que se trabaje, se puede repetir una cuarta vez durante el día). Se puede trabajar acompañado de juegos para ver el grado de efectividad del método, pero al niño que se escoja debe tener una asistencia regular a la escuela, cuando sea elegido y ha acertado hay que felicitarlo para motivar su participación.

5. Estimulación Temprana

Es la estimulación que se da al niño en su primeros años de vida para desarrollar un mayor número de conexiones neuronales, en concordacia con Pacheco Engracia & Espinoza Muñiz, (2011) es "el aprovechamiento de la capacidad de aprendizaje y adaptabilidad del cerebro del bebé mediante una serie de estímulos que fijan la atención e interés del pequeño para potenciar las funciones cerebrales del niño-a.", esto permite que desde pequeños empiecen a tener noción de su entorno a través de estímulos visuales, auditivos, olfativos, gustativos y táctiles que fortalezcan su desarrollo. Por esta razón los bits pueden ser trabajados con bebés desde los seis meses.

6. Qué desarrollan los Bits de Inteligencia

Los bits son un material creado para desarrollar en los niños la memoria, la atención y la concentración, además beneficia al cerebro en las conexiones neurológicas por medio de estímulos pequeños que llegan a través de los sentidos.

Por ser sesiones cortas, la atención de los niños es más constante, porque mantienen alerta a los niños a prestar más atención para no perder la secuencia de los bits. De la mano se trabaja con la memoria, al pasar los bits varias veces la imagen se queda grabada por ser sesiones constantes de repetición, esto a su vez se vuelve en conocimiento que el niños almacena en su cerebro para luego ser asociado en su entorno.

7. Compendio

Según Bembibre, (2011) un compendio es "un conjunto de elementos que tienen algo en común y que son agrupados justamente debido a esas posibles similitudes". Los compendios ayudan a tener información relevante y sustancial de una materia o un área, es decir una versión resumida pero muy significativa.

8. Instructivo

Son documentos que permiten escribir o describir instrucciones de forma clara, ordenada y lógica para el manejo y uso de herramientas que las personas posean, se utiliza como una guía en la que están descritas las funciones del material. Según paraquesirven.com, (s.f.) los instructivos permiten "que las personas puedan por sí mismas, armar, utilizar o reparar, sin la necesidad de una persona que los guíe directamente", es decir que cualquier persona que tenga acceso a este material pueda utilizarlos sin ayuda de otra persona.

8.1. Estructura

Para Sandriis, (2013) el instructivo se compone por dos partes "el objetivo que se pretende y las instrucciones para lograrlo", el objetivo es el propósito de la información que contiene como el título o los temas que lo conforman. Las instrucciones son los pasos que se síguen para alcanzar lo propuesto en el objetivo. También se pueden incluir recursos gráficos para ilustrar la informción.

Objetivos de la propuesta

Objetivo General

Elaborar un compendio de bits de inteligencia enciclopédicos para CEIN-PAIN Anexa a Escuela Oficial Rural Mixta Jornada Vespertina, que estimule y favorezca el proceso de aprendizaje de los niños del nivel inicial y preprimaria.

Objetivos Específicos

1.   Establecer las categorías que conforman el compendio de bits de inteligencia que son necesarios para trabajar con los niños.

2.   Elaborar los bits de inteligencia contextualizados para que tengan noción de lo que les rodea.

3.   Realizar una capacitación a las docentes para que tengan conocimiento del uso y elaboración de los bits de inteligencia.

Descripción de la Propuesta

Según Estalayo & Vega, (2010) Los bits de inteligencia son imágenes claras y concisas que brindan información acerca de su entorno e información a la que no se tiene acceso, su forma de trabajar es, pasar uno por uno de forma consecutiva, pronunciando el nombre a la vez, se pasan tres veces al día por una semana, para hacer un total de 15 veces la repetición. Las categorías se determinan de acuerdo a lo que se quiere enseñar como animales acuáticos, animales salvajes, símbolos patrios, transportes, etc.

Los bits de inteligencia dan a conocer la vida real a base de imágenes que la representan. Para que los niños no tengan confusión de su entorno, se utilizan los bits como medio para acercarlos a conocer de una forma más real su contexto. Se clasifican los temas que se quieren trabajar y enseñar, pasándolos durante todo el año escolar, sin que vayan paralelo a los temas que se están dando en ese momento, más bien, pasarlo antes para cuando se llegue a tocar el tema ellos ya posean conocimientos previos. Los niños tendrán una nueva forma de aprender y las docentes lo utilizaran como herramienta pedagógica para fortalecer el proceso educativo.

Se entregó al centro CEIN-PAIN Anexa a Escuela Oficial Rural Mixta Jornada Vespertina Aldea Santa Ana, un compendio de bits de inteligencia para ser utilizado por las docentes en el desarrollo de sus clases.

Conclusiones

•   Se establecieron 10 categorías o temas que son relevantes para la formación de los niños, que enriquece el aprendizaje y permite brindarles información concreta y real de su entorno, para que conozcan lo que les rodea. Una recopilación presentada como compendio.

•   Los bits de inteligencia pueden ser contextualizados al área en donde se quiera trabajar en este caso a las necesidades de la escuela, para partir de lo conocido y ampliar los conocimientos con información de otros lugares, para aumentar el conocimiento de los niños.

•   En base a la capacitación las docentes conocieron la aplicación y características que deben tener, para hacer uso de los bits de inteligencia en el proceso de enseñanza-aprendizaje.

•   El compendio de bits de inteligencia, es una herramienta que garantiza la fijación de contenidos por medio de imágenes y repetición constante.

•   Es una metodología activa e innovadora en el sistema educativo, porque promueve la concentración para aprender a base de imágenes.

Recomendaciones

- Con el compendio de bits de inteligencia de 10 categorías que se dejó, se sugiere ir aumentando los temas para ampliar el compendio, para tener una gama diversa de bits de inteligencia y variedad para enseñar.

- Enseñar primero el contexto en el que vive el niño, poco a poco introducir otros temas fuera de su entorno, con el fin de que el niño conozca más y lograr ampliar sus conocimientos.

- En relación a la capacitación que recibieran las docente sobre el método bits de inteligencia, se sugiere llevarlo a la práctica en su totalidad, desde hacer el material hasta el trabajo con los niños, para desarrollar la atención, concentración y aumento de vocabulario visual y auditivo.

- Utilizar los bits de inteligencia con una repetición de 15 veces, para fijar su contenido y luego cambiarlos a la semana por una categoría distinta.

- Proponer la aplicación del método bits de inteligencia en el sistema educativo público, para promover el uso de metodologías activas en la educación.

Marco Teórico

1. Gestión

Un término que indica solicitudes para un beneficio propio o para otras personas, según

Gestión y Administración, (s.f.) la gestión es la "realización de diligencias enfocadas a la obtención de algún beneficio, tomando a las personas que trabajan en la compañía como recursos activos para el logro de los objetivos." La gestión es el apoyo que se solocita a peronas, empresas, fundaciones, etc., que colaboren con la institución solicitante por medio de intervenciones economicas, donaciones, mano de obra, etc., que perimita cumplir con metas que han propuesto por el área administrativa del establecimiento.

1.1 Gestión social

Para Gaibor, (2012) la gestión social es "un proceso completo de acciones y toma de decisiones, que incluye desde el abordaje, estudio y comprensión de un problema, hasta el diseño y la puesta en práctica de propuestas", permite tomar una necesidad y plantearle una solución que se pueda llevar a cabo, al tomar en cuenta procesos previos que determinaron dicho problema y las metas ha alcanzar.

2. Donación

En concordancia con Economipedia, (s.f.) "La donación es un regalo, que se materializa formalmente mediante un contrato a través del cual se transfiere de manera gratuita un bien a otra persona que acepta dicha transferencia." Es un acto de caridad que hace la persona donante a otra persona o a una institución que quiera ayudar, la principal característica es darle al que no tiene y que lo que se dé y/o done le ayude en un sentido positivo de crecimeinto.

La donación no tiene límites, se puede donar cualquier cosa que sea útil y beneficio como:

ropa, utiles escolares, juguetes, mesas, sillas, etc., que este en buen estado y sea duradero para que la persona que lo reciba lo pueda utilizar y obtener provecho.

3. Desarrollo infantil

Para Martínez, (2014) "se trata de desarrollar aquellos aspectos del niño que están vinculados a su proceso evalutivo, refireindose a las estructuras básicas del pensarr, de los efectos, de la motricidad, de la comunicación, de la creatividad.." Durante el periodo de desarrollo de los niños de 0 a 6 años hay varios factores que inciden en este proceso como la estimulación que es el principal elemento que se toma para favorecer el desarrollo de los niños.

Además en esta etapa del desarrollo se "generan aprendizajes básicos" Martínez, (2014), porque se prepara al niño para la vida futura, para desarrollar habilidades y capacidades que le serviran cuando sea grande.

4. Motricidad Fina

Es la capacidad de utilizar los músculos más pequeños, según García, (2009) "corresponde con las actividades que necesitan precisión y un mayor nivel de coordinación", al tener control sobre estos músculos se pueden realizar actividades minusiosas como moldear, recotar, construir, etc., utilizando la técnica de pinzas.

Una de las coordinaciones que esta dentro de la motricidad fina es la coordinación visomanual que es, la combinación del ojo con la mano, para García, (2009) es un trabajo en conjunto que guia a la mano hacia donde se mira, en la que involucra el brazo, antebrazo, muñeca y mano.

El movimietno de pinzas, tiene como finalidad "adquirir destrezas y habilidades en los movimientos de las manos y dedos" dicho por maicasti,

(2015), estas habilidades permiten que el niño logre escribir, trocear, tocar instrumentos y/o utilizar herrmientas porque tiene la capacidad de utilizar esta técnica.

4.1 Materiales manipulativos

Jiménez, (2011) define que son "recursos y materiales que se caracterizarían por ofrecer a los sujetos un modo de representación del conocimiento", permite que las personas tengan experiencias a través de la manipulación de los materiales que pueden estar enfocados a la psicomotricidad como bloques, figuras geométricas y juguetes.

5. Pensamiento lógico-matemático

Antunes, (2006) "el desarrollo mental del niño, antes de los seis años, seún Piaget, se puede estimular notablemente mediante juegos", es una herramienta que permite aprender conceptos de tamaño, orden asendente y desendente, formas, etc., y poco a poco van comprendiendo conceptos matemáticos (suma y resta), noción tiempo y espacio, y los significados de medida (la regla).

De acuerdo con Santamaría, (s.f.), "El conocimiento lógico-matemático es el que construye el niño al relacionar las experiencias obtenidas en la manipulación de los objetos." Al tener contacto con el material él puede comprender como funciona su entorno, comparando lo ve, siente, oye y huele con expericias (estructuras internas) para luego reflexionar y así establcer nociones como seraciones, clasificación y sobre el número.

Objetivos

Objetivo general

Promover donaciones de materiales manipulativos para el beneficio del proyecto CEIN-PAIN Anexa a Escuela Oficial Rural Mixta Jornada Vespertina Aldea Santa Ana.

Objetivos específicos

- Determinar la importancia de utilizar el material manipulativo en el desarrollo de las clases.

- Emplear el material manipulativo como recurso didáctico y de reforzamiento del desarrollo de habilidades de psicomotricidad fina.

- Utilizar el material manipulativo para desarrollar el pensamiento lógico-matemático.

Materiales y Métodos

Investigación Descriptiva

Según Hernández R., Fernández C., y Baptista M. d. (s.f.) la investigación descriptiva "busca especificar propiedades, características y rasgos importantes de cualquier fenómeno que se analice. Describe tendencias de un grupo o población."

Técnica e insumo

Objetivo específico	Método	Técnica	Insumos
Determinar la importancia de utilizar el material manipulativo en el desarrollo de las clases.	Deductivo	Sistematización	Material manipulativo
Emplear el material manipulativo como recurso didáctico y de reforzamiento del desarrollo de habilidades de psicomotricidad fina.	Deductivo	Sistematización	Material manipulativo.
Utilizar el material manipulativo para desarrollar el pensamiento lógicomatemático.	Deductivo	Sistematización	Material manipulativo.

Operacionalización de variables

Objetivo específicos	Variable	Técnica	Instrumentos	Producto
Determinar la importancia de utilizar el material manipulativo en el desarrollo de las clases.	Establecer	Aplicar	Lista de cotejo1	Material manipulativo
Emplear el material manipulativo como recurso didáctico y de reforzamiento del desarrollo de habilidades de psicomotricidad fina.	Utilizar	Reforzar	Lista de actividades	Material manipulativo
Utilizar el material manipulativo para desarrollar el pensamiento lógico-matemático.	Usar	Desarrollar	Lista de actividades.	Material Manipulativo

Impacto Esperado

Gracias a las donaciones de personas particulares, se espera beneficiar a los alumnos de CEINPAIN Anexa a Escuela Oficial Rural Mixta Jornada Vespertina Aldea de Santa Ana No. 30 de La Antigua Guatemala, departamento de Sacatepéquez para contribuir en el desarrollo psicomotor fino y el pensamiento lógico-matemático.

Estrategia de Difusión y Publicación

- Autoridades del establecimiento.

- Docentes

- Padres de familia.

Referencias Bibliográficas

Antunes, C. (2006). Juegos para Estimular las Inteligencias Múltiples. En C. Antunes, *Juegos para Estimular las Inteligencias Múltiples* (pág. 55 y 56). Madrid: Narcea, S.A. de Ediciones.

Economipedia. (s.f.). *Economipedia.* Obtenido de Economipedia: http://economipedia.com/definiciones/donacion.html

Gaibor, L. H. (7 de Febrero de 2012). *Repositorio Institucional UTPL.* Obtenido de Repositorio Institucional UTPL: http://dspace.utpl.edu.ec/handle/123456789/2039

García, T. A. (16 de Marzo de 2009). *Antologias.* Obtenido de Antologias:

http://bcnslp.edu.mx/antologias-rieb-2012/primaria-i-

semestre/DFyS/Materiales/Unidad%20A%203_DFySpreesco/RecursosExtra/ DesarrolloPs icomotor/PsicomotricidadEducInfantil.pdf

Gestión y Administración. (s.f.). *Gestión y Administración.* Obtenido de Gestión y Administración: https://www.gestionyadministracion.com/empresas/definicion-degestion.html

Hernández Sampieri, R., Fernández Collado, C., & Baptista Lucio, M. d. (s.f.). *Metodología de la Investigación.* México: The McCraw Hill.

Jiménez, D. (7 de Marzo de 2011). *SlideShare.* Obtenido de Slide Share:

https://www.slideshare.net/auri_desi/medios-de-enseanza-7184060 maicasti. (13 de Marzo de 2015). *Blog de la etapa de educación infantil del CEIP Guindalera.* Obtenido de Wordpress:

https://guindalerainfantil.wordpress.com/2015/03/13/motricidadfina-o-pinza-digital/

Martínez, E. J. (2014). *Desarrollo Psicomotor en Educación Infantil. Bases para la intervención en psicomotricidad.* Almería: Editoria Universal de Almería.

Santamaría, S. (s.f.). *Monografias.com.* Obtenido de Monografias.com:

http://www.monografias.com/trabajos16/teorias-piaget/teorias-piaget.shtml

Recursos Humanos

Maestras: serán las encargas de buscar al material una función pedagógica y didáctica.

Alumnos: serán las personas beneficiadas por las donaciones de materiales manipulativos.

Apéndice

Lista de Cotejo

Objetivo: comprobar el uso del material manipulativo dentro del salón de clases.

No.	Aspectos	Si	No
1.	El material favorece al desarrollo de clase.		
2.	El material va acorde al tema que se quiere dar.		
3.	El material ayuda a la fijación de contenidos.		
4.	El material se utiliza como repaso de contenidos.		
5.	El material se usa como introducción al tema.		

Observaciones:

Lista de actividades sugeridas para motricidad fina

- Construcción de figuras.

- Colocar legos dentro de un frasco.

- Jugar carritos en una pista (agarre de pinzas)

- Cortar papel

- Cambiar de recipiente los cincos con ayuda de una cuchara.

Lista de actividades sugeridas para pensamiento lógico-matemático

- Clasificación de materiales según color, tamaño, forma,, textura ☐ Seguimiento de patrones.

- Colocar en recipiente la cantidad que indique el numeral.

- Conteo.

- Sumas y restas (utilizando solo el material.

·

·

Anexo 8

Capacitación Bits de Inteligencia De Contenido Enciclopédico

1. Tema central de la capacitación: como trabajar con los bits de inteligencia.

2. Datos generales

Dirigida a	Maestras que laboran en CEIN-PAIN Anexa a Escuela Oficial Rural Mixta Jornada Vespertina Aldea Santa Ana.
Niveles	Educación Inicial y Preprimaria
Ubicación	Aldea Santa Ana No. 30 a un costado de la iglesia católica.
Día	30 de octubre de 2017
Hora de inicio	3:00 pm
Tiempo aproximado	Una hora y media

Responsable	Katherinne Judith Mox Hernández

3. Descripción

Consistirá en dar a conocer el inicio del método Glenn Doman, forma de trabajar con los niños, como elaborar los bits de inteligencia, que estimulan y que refuerzan en los niños, etc., para que las docentes luego lo puedan utilizar dentro de su salón de clases.

4. Objetivo general

Demostrar la utilidad de los bits de inteligencia dentro del proceso de aprendizaje de los niños.

5. Objetivo específicos

• Reconocer la utilidad de los bits de inteligencia dentro del proceso de aprendizaje de los niños para estimular la memoria y la atención.

• Determinar la importancia de utilizar los bits de inteligencia dentro del proceso de aprendizaje de los niños.

6. Línea temática

• Antecedentes Históricos Método Glenn Doman

• Inteligencia

• Qué es un Bit

• Características de los bits

• Bits de inteligencia enciclopédicos

• Estimulación Temprana

• Qué desarrollan los Bits de Inteligencia

7. Modalidad   Centros de interés.

8. Utilizando la modalidad centros de interés se trabajara de la siguiente manera:

Tema	Tiempo
☐ Bienvenida	5 minutos.
☐ Antecedentes Históricos Método Glenn Doman	10 minutos
☐ Inteligencia	5 minutos
☐ Qué es un Bit	5 minutos
☐ Características de los bits	10 minutos
☐ Bits de inteligencia enciclopédicos	10 minutos
☐ Estimulación Temprana	5 minutos
☐ Qué desarrollan los Bits de Inteligencia	5 minutos
☐ Agradecimiento	5 minutos

9. Líneas de acción a seguir en los centros de interés.

- Cuatro centros de interés:

- Centro 1: Bienvenida y antecedentes históricos Método Glenn Doman

- Centro 2: Inteligencia y qué es un bit.

- Centro 3: características de los bits y bits de inteligencia enciclopédicos.

- Centro 4: Estimulación temprana y qué desarrollan los bits de inteligencia.

- Agradecimiento.

10.   Descripción de la logística a seguir antes, durante y después del taller.

• Antes:

- Montar y preparación del salón para la capacitación

• Durante:

- Llevar el orden de lo establecido para trabajar en los centros de interés

• Después:

- Desmontaje, orden y limpieza del salón.

11.   Comisión de protocolo

-    Se tendrá a cargo el montaje y desmontaje de los centros de interés.

-    Comisión de limpieza.

-    Capacitadora

12.   Materiales y documentos necesarios para el taller

- Rotafolio

- Compendio de bits de inteligencia. -   Computadora.

- Mapa mental

- Ideas principales

- Dispositiva

13.   Materiales requeridos para realizar la modalidad - Mesas.

- Salón

- Sillas

14.   Debe enlistar que trámites debe realizar para obtener todo lo necesario para su capacitación, y a quiénes le debe dirigir las cartas, solicitudes o requerimientos.

- Solicitud para utilizar salón.

- Permiso para las docentes, puedan asistir a la capacitación.

Estás solicitudes se le deben pedir a la directora.

Anexo 9

Fuente: Mox Hernández, Katherinne Judith (2017)   Fuente: Mox Hernández, Katherinne Judith (2017)

Fuente: Mox Hernández, Katherinne Judith (2017)   Fuente: Mox Hernández, Katherinne Judith (2017)

Fuente: Mox Hernández, Katherinne Judith (2017)   Fuente: Mox Hernández, Katherinne Judith (2017)

Fuente: Mox Hernández, Katherinne Judith (2017)   Fuente: Mox Hernández, Katherinne Judith (2017)

Fuente: Mox Hernández, Katherinne Judith (2017)   Fuente: Mox Hernández, Katherinne Judith (2017)

Fuente: Mox Hernández, Katherinne Judith (2017)   Fuente: Mox Hernández, Katherinne Judith (2017)

Compendio
Bits de
Inteligencia

Compendio Bits de Inteligencia

CEIN-PAIN
Anexa a Escuela Oficial
Rural Mixta
Jornada Vespertina
Aldea Santa Ana

Índice

Contenido

Introducción

El compendio a presentar contiene Bits de Inteligencia Enciclopédicos del método Glenn Doman es una representación gráfica de la vida real. Su fin primordial es brindar información a los niños lo más exactamente posible a su entorno utilizando imágenes referentes a un tema que se quiera enseñar.

Los Bits de Inteligencia Enciclopédicos estimulan en los niños memoria, atención y concentración a su vez incrementa el vocabulario. El compendio es una herramienta didáctica para las docentes, que se podrá utilizar durante el año escolar. También contribuirá en el proceso de enseñanza-aprendizaje de los niños por ser un material que brinda información de su entorno y fuera de su entorno, para fortalecer los conocimientos de los alumnos.

3

Resumen

El compendio de bits de inteligencia enciclopédicos es una herramienta didáctica para ser utilizado por las docentes, que enriquezcan el proceso de enseñanza-aprendizaje de los niños, brindan información acerca de su entorno y fuera de su entorno que se desea que los alumnos conozca y aprendan. Estimulan la memoria y la concentración por medio de la repetición que se da en las sesiones tres veces al día por una semana, es un trabajo constante y breve para mantener al alumno atento en la sesiones. Se vuelve una herramienta pedagógica porque su fin primordial es brindarle información concreta y exacta a su vida real del niño. También se encuentra un instructivo para el manejo del material dentro de las sesiones, en este caso los salones de clase y el grupo de

alumnos con el que se trabaje, servirá para que las docentes consulten la información y puedan emplear el material dentro de sus clases para fortalecer el proceso de enseñanza-aprendizaje y elevar el nivel académico de los niños. Se encuentra un conjunto de bits de inteligencia enciclopédicos que la docente podrá utilizar, en este se encuentran categorías o temas como: animales acuáticos, animales salvajes, animales domésticos, aves, reptiles, insectos, transportes, símbolos patrios, billetes de Guatemala y monedas de Guatemala, temas contextualizados a la sociedad guatemalteca que son referentes a su formación en áreas como medio social y natural y destrezas de aprendizaje, que aportan conocimiento visual-real para que el niño reconozca como es su entorno no solo en palabras sino que también en imágenes que muestren tal

cual son las cosas que lo rodean.

Instructivo
Objetivo General

Utilizar el compendio de bits de inteligencia enciclopédicos para fortalecer el nivel académico de los niños en el proceso de enseñanza-aprendizaje.

Objetivos Específicos

Reconocer la utilización de los bits de inteligencia enciclopédicos en el proceso de enseñanza-aprendizaje de los niños.

Aplicar los bits de inteligencia enciclopédicos en el proceso de enseñanzaaprendizaje de los niños para fortalecer su nivel académico.

Justificación

El instructivo es una herramienta que contiene información breve e importante sobre el manejo y utilización de una material, en este caso los bits de inteligencia enciclopédicos.

Las docentes tendrán una herramienta sobre el uso y manejo de los bits de inteligencia enciclopédicos, para que puedan consultar y tener conocimiento sobre su uso en cualquier momento que ellas quieran trabajar con este material.

Los bits de inteligencia enciclopédicos según Pacheco Engracia & Espinoza Muñiz, (2011) son llamativos e interesante porque hay variedad de categorias o temas que se pueden trabajar para enseñarselos a los niños, es importante por las imágenes que se presentan. Estimula la memoria, atención y fijación de la información que reciben a traves de imágenes que representan la realidad.

Las categorías o temas son la unión de bits que están relacionadas entre sí (5 a más bits), comparten características en común. Entre las categorías se puede mencionar: zoología, botánica, tecnología, geografía, matemática, arte, literatura, música, entre otras. A su vez favorecen en la formación de conexiones neurológicas y que los niños trabajen por medio de categorías que les permiten ser ordenados.

Descripción

Utilización

Para Guerrero & Ortiz,(s.f.):

• Las sesiones son breves para mostrar los bits, los niños deben estar en silencio a la hora que se presenten.

• Los bits se muestra de una manera rápida

• Se presenta la categoría con entusiasmo

• Se pasan los bits uno por uno y se dice el nombre claramente, mostrando la imagen a todos los niños a una distancia y altura adecuada.

• Se presentan tres veces al dia por una semana (5 días), para hacer una repetición de 15 veces, al finalizar la semana se cambian de bits, sin evaluar el aprendizaje.

Recomendación

Si se desea conocer el grado de efectividad del método, se puede trabajar por medio de un juego, ejemplo; que el niño señale donde se encuentra el camaleón, y así determinar la fijación del contenido.

Bits de Inteligencia

Enciclopédicos

7

Animales Acuáticos

Fuente: recuperado 28 de septiembre 2017

Fuente:https://www.google.com.gt/url?sa=i&rct=j&q=&esrc=s&source=images&cd=
&cad=rja&uact=8&ved=0ahUKEwiz17
n2zujXAhVJZCYKHQ2zA6cQjB0IBg&url=https%3A%2F%2Fanimalesmascotas.com%2
Feldelfin%2F&psig=AOvVaw1ArCkBCen6bAM8IWwQSNV-&ust=1512210924334770

Animales Salvajes

Fuente:https://encrypted-
tbn0.gstatic.com/images?q=tbn:ANd9GcQ5MdQdLm8RqpLDb-
tk4BKa_wGmHrfMLw2edmIB_Z3IR4TOFuSuA

Animales
Domésticos

Fuente:http://www.freefoto.com/preview/01-23-3/Rabbit

Fuente:https://pixabay.com/es/gato-animales-domesticos-gatito-2457441/

Fuente:http://deanimalia.com/rioslagosypantanostortugadeaguadulce.html

Fuente:http://peces.mascotahogar.com/galerias-pez-betta

Aves

Fuente:https://www.thinglink.com/scene/712724490936647680

Fuente:http://fincasquindioya.com/especies-aves-quindio/

Fuente:http://legomessageboards.wikia.com/wiki/File:Red-and-green-macaw-1280-800-711-1-.jpg

Reptiles

Fuente:https://www.anipedia.net/cocodrilos/cocodrilo-nilo/

Fuente:http://masmascotas.com/reptiles/como-se-comunican-las-iguanas.html

Fuente:https://www.anipedia.net/serpientes/

Insectos

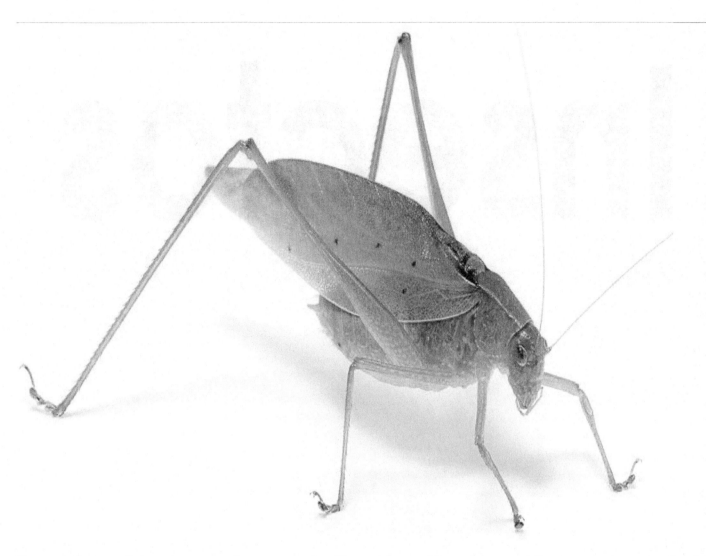

Transportes

Fuente:https://www.google.com.gt/url?sa=i&rct=j&q=&esrc=s&source=images&cd=
&cad=rja&uact=8&ved=0ahUKEwjTs4 2aq-
nXAhUMSyYKHcrSBXAQjB0IBg&url=http%3A%2F%2Fwww.elcarrocolombiano.com
%2Fnoticias%2Ftop-10-los-carrosmas-vendidos-de-america-latina-en-
2016%2F&psig=AOvVaw13v7NSJwGKU5eL-Yl0t7i3&ust=1512235691681079

Fuente:https://www.google.com.gt/url?sa=i&rct=j&q=&esrc=s&source=images&cd=
&cad=rja&uact=8&ved=&url=https%3
A%2F%2Fwww.publinews.gt%2Fgt%2Ftendencias%2F2016%2F06%2F01%2Fvideo-
increible-transformacion-busesextraurbanos-que-
guatemala.html&psig=AOvVaw2524T7xYsDvjzONmuuuaZ-&ust=1512238184857487

Fuente:https://www.google.com.gt/url?sa=i&rct=j&q=&esrc=s&source=images&cd=
&cad=rja&uact=8&ved=&ur
l=http%3A%2F%2Fwww.ecologiahoy.com%2Fbicicleta&psig=AOvVaw3wUlK1YFEEt
_cOZWdcSBZ&ust=1512237954677943

Símbolos Patrios

Fuente:https://www.google.com.gt/url?sa=i&rct=j&q=&esrc=s&source=images&cd=&cad=rja&uact=8&ved=0ahUK

EwiZ7r1wunXAhVD6iYKHaDfCtkQjB0IBg&url=http%3A%2F%2Fosu.muniguate.com%2Findex.php%2Fcomponent%2Fcontent

%2Farticle%2F75-temas%2F13771-tecunuman&psig=AOvVaw3kH43hyUKR0Mc5vDGKLkNX&ust=1512242015728271

Fuente: http://lendy201017.blogspot.com/2010/09/bandera-de-guatemala-la-bandera-de.html

Fuente:
https://www.google.com.gt/url?sa=i&rct=j&q=&esrc=s&source=images&cd=&cad=r
a&uact=8&ved=0ahUKEwiMi92hx-

nXAhXDTCYKHaB7Du8QjB0IBg&url=https%3A%2F%2Ftwitter.com%2Fpncdeguate
mala%2Fstatus%2F633302540612935680&psig=AOvVaw2hQEZ

FWTR2dVNXRs-AHqKx&ust=1512243193016585

Fuente:https://www.google.com.gt/url?sa=i&rct=j&q=&esrc=s&source=images&cd=
&cad=rja&uact=8&ved=0ahUKEwjn_K
zxxOnXAhUCWSYKHYS8C5EQjB0IBg&url=http%3A%2F%2Fguatemalainmortal.blog
spot.com%2F2010%2F10%2Fsimbolospatrios.html&psig=AOvVaw0aJoN9yaYXXiavV
AVqcCKJ&ust=1512242589152010

Colores

Made in United States
Orlando, FL
24 March 2025